UMA VIDA CONSCIENTE DO TEMPO

PENSAMENTOS DE

Stephen R. Covey

UMA VIDA CONSCIENTE DO TEMPO

PENSAMENTOS DE

Stephen R. Covey

Tradução

Carolina Simmer

Revisão técnica

Renato A. Romero

1ª edição

BestSeller

Rio de Janeiro | 2016

CIP-BRASIL. CATALOGAÇÃO NA PUBLICAÇÃO
SINDICATO NACIONAL DOS EDITORES DE LIVROS, RJ

C914u

Covey, Stephen R., 1932-2012
Uma vida consciente do tempo / Stephen R. Covey; tradução Carolina Simmer. - 1. ed. - Rio de Janeiro: Best*Seller*, 2016.
il.; 23 cm.

Tradução de: A time conscious life
Infográficos
ISBN 978-85-7684-998-8

1. Motivação (Psicologia). 2. Liderança. I. Título.

16-33437

CDD: 658.4092
CDU: 005.322:316.46

Texto revisado segundo o novo Acordo Ortográfico da Língua Portuguesa.

Título original
A TIME CONSCIOUS LIFE

Ícones e ilustrações de www.shutterstock.com e Franklin Covey.

Adaptação de capa original e editoração eletrônica: Guilherme Peres

---

Impresso no Brasil

ISBN 978-85-7684-998-8

Seja um leitor preferencial Record.
Cadastre-se e receba informações sobre nossos lançamentos e nossas promoções.

Atendimento e venda direta ao leitor:
mdireto@record.com.br ou (21) 2585-2002

SUMÁRIO

Introdução	**7**
O início	**10**
Capítulo 1	**17**
Capítulo 2	**47**
Capítulo 3	**81**
Capítulo 4	**117**
Diário pessoal A experiência de uma vida mais eficaz	**155**

INTRODUÇÃO

Stephen R. Covey era um professor magistral.

Milhões de pessoas sabem disso. Não é exatamente um segredo. Mas o que elas talvez não compreendam totalmente é que Stephen R. Covey era um professor magistral porque, primeiro, foi um aluno magistral. Ele não nasceu sendo o Dr. Stephen R. Covey. Quando era um garotinho, não fazia discursos sobre os princípios da sinergia durante uma partida intensa de futebol. Enquanto guardava seus brinquedos antes de devorar o lanche da tarde, também não palestrava aos amigos sobre a necessidade de priorizar as coisas mais importantes. É uma ideia interessante, mas não aconteceu.

O Dr. Covey prestava atenção no mundo ao seu redor. Fazia perguntas. Buscava informações novas e, quando descobria um princípio que o ajudaria a se tornar uma pessoa melhor, se agarrava a ele. Isso fica claro quando se lê *Os 7 hábitos das pessoas altamente eficazes*. Sempre lhe perguntavam:

— Como? Como você criou *Os 7 hábitos*?

Ao ouvir isso, ele simplesmente sorria, pensava um instante, e então, no momento certo, respondia:

— Eu não criei nada.

É claro que a pessoa ficava confusa com essa afirmação, mas, antes que pudesse expor uma nova dúvida, ele terminava de explicar:

— Eu escrevi o livro, mas os princípios já eram conhecidos muito antes de mim. Eles são como leis naturais. Tudo que fiz foi uni-los e sintetizá-los.

As conversas eram sua sala de aula. Ao ser apresentada ao professor, a pessoa era envolvida por seu forte aperto de mão, por sua presença convidativa. Independentemente de ser um parente, um amigo próximo ou um conhecido — mesmo alguém que o tivesse encontrado na rua —, passaria as próximas horas imerso numa conversa significativa sobre família, amizade e trabalho... sobre a vida.

Os princípios que compartilhou são eternos. Ele passou mais de trinta anos estudando, praticando e incrementando os princípios apresentados em *Os 7 hábitos das pessoas altamente eficazes*. Desejava ensiná-los, torná-los cada vez mais compreensíveis e práticos.

Por ter percebido isso, o mundo se expandiu de forma impressionante. Oportunidades nunca vistas antes aguardam a próxima geração... mas o mundo também diminuiu. A tecnologia nos conecta de uma maneira poderosa e, às vezes, perigosa. A quantidade de conhecimento ao nosso alcance é incalculável, e esse excesso de informação faz com que progressivamente seja mais difícil diferenciar o certo do errado.

Enquanto você interage com o mundo que perguntas faz? As básicas são as primeiras a vir à mente, como, por exemplo: "Por que esse cara está dirigindo tão devagar, se está na faixa da esquerda?"

Essa dúvida parece surgir com frequência, especialmente durante a manhã e no fim da tarde. Naturalmente, uma das favoritas dos pais tende a ser: "No que você estava pensando?"

Não devemos nos prender muito a esse tipo de questionamento, principalmente porque suas respostas nunca são boas.

- Que perguntas você pode fazer para continuar aprendendo?

- Que conhecimento pode ganhar ao fazer as perguntas certas?

- Que mudanças podem ocorrer quando você aceitar os novos conhecimentos que descobre?

- Que tipo de disciplina é necessária para fazer com que essas mudanças virem parte do seu caráter verdadeiro?

Não existe eficácia sem disciplina, e não existe disciplina sem caráter. E não existe caráter sem antes elaborar e fazer perguntas.

Stephen R. Covey faleceu em 2012, mas nunca vai parar de ensinar. O que você encontrará nas próximas páginas é uma coleção de pensamentos relacionados a ter uma vida consciente do tempo.

Ele acreditava de verdade que, se todos vivessem de acordo com *Os 7 hábitos*, o mundo seria um lugar melhor. Jim Collins disse, há alguns anos, que "nenhuma pessoa vive para sempre, mas livros e ideias permanecem".

Esperamos que, enquanto você navega por estas páginas, descubra a mensagem que vai além de uma simples lição. Que a mensagem transmitida pelo Dr. Stephen R. Covey, há tantos anos, toque você, seus amigos e sua família.

— Os colegas de Stephen Covey

O INÍCIO

O tempo é um bem que todos têm em comum e em quantidades iguais.

— Dr. Stephen R. Covey

O Tempo pode ser um amigo caridoso e benigno. Mas o Tempo também pode ser um inimigo feroz batendo à sua porta.

Todos os dias, o Tempo distribui 24 horas para cada um de nós. Independentemente de idade, situação financeira, ou até mesmo dos planos feitos para essas 24 horas, elas são ofertadas de bom grado.

Bonnie nunca viu o Tempo como um amigo. O Tempo era algo contra o qual ela lutava. O Tempo era um oponente que ela combatia e tentava esticar. Ela tentava vencer o Tempo todos os dias.

Acontece que Bonnie era uma mulher ocupada. Ninguém jamais ousaria discutir sua quantidade impressionante de ocupações. Ela exibia seu excesso de afazeres como uma imponente medalha que atestava seu valor pessoal. Mas, no fim do dia, enquanto esperava para receber as novas 24 horas do Tempo, Bonnie refletia sobre o que fizera com as últimas.

"Sei que estava ocupada", pensava ela, "mas o que foi que eu FIZ de verdade?"

Como se aquilo pesasse sobre seu corpo de uma forma física e avassaladora, Bonnie se sentia esmagada pela culpa por aquilo que ainda não fora feito ou pelo que poderia ter sido executado. Ela jurava que se dedicaria mais a vencer o Tempo, enquanto continuava vivendo cheia de ocupações. Bonnie se esforçaria para ser ainda mais ocupada em suas 24 horas.

Até que veio outra noite, e Bonnie impacientemente aguardava as novas 24 horas do Tempo. Refletiu mais uma vez sobre o que fizera no dia.

"Sei que estava ocupada", pensou novamente, "mas o que foi que eu FIZ de verdade?"

Bonnie se sentia derrotada. Considerou retirar a medalha de pessoa ocupada e rever seu conceito de autoestima, mas como poderia agir de outra forma? Se não estivesse sobrecarregada de tarefas, com certeza estaria fracassando na vida.

Precisava de uma mudança. Quando o Tempo retornou naquela noite e presenteou Bonnie com suas 24 horas, ela respirou fundo e perguntou:

— O que posso fazer de diferente? O que posso fazer com você hoje para mudar a forma como gasto meu tempo?

A história de Bonnie não é uma batalha exclusiva. Muita gente que seguia pela estrada da ocupação, polindo suas medalhas de pessoas ocupadas até alcançarem um brilho perfeito, parou, saiu do caminho e se perguntou: "Como posso agir melhor?"

Não existe uma resposta certa para essa pergunta. A resposta é tão pessoal e única quanto cada pessoa, mas, mesmo assim, pode ser encontrada.

Stephen R. Covey prometeu: "Você pode ter o controle de sua própria vida. Uma vida inspiradora, confiante e participativa", mas para controlar a própria vida, você precisa primeiro controlar o seu tempo, os seus dias de 24 horas. É o tempo que forma a vida. As duas coisas são inseparáveis.

O Dr. Covey perguntou:

"Você já esteve ocupado demais dirigindo a ponto de não ter tempo de parar num posto e encher o tanque de gasolina? Já esteve ocupado demais a ponto de não ter tempo para afinar o instrumento? Não precisamos de mais tempo. Temos todo o tempo possível e ninguém tem mais do que o outro. O que precisamos fazer é priorizar nossos objetivos e atividades, e nos organizarmos de acordo, em vez de deixar que as condições nos organizem. Nós sempre temos tempo e a possibilidade de dedicar tempo às coisas que são realmente importantes."

Assim como Bonnie, você pode receber o seu presente do Tempo e perguntar:

— O que posso fazer com você hoje para mudar a forma como gasto meu tempo?

E então pode ser que um milagre aconteça. Você pode desenvolver uma vida consciente do tempo, reservando:

- Tempo para viver;
- Tempo para amar;
- Tempo para aprender; e
- Tempo para deixar um legado.

Este livro não foi projetado para ser simplesmente lido, mas para ser sentido.

A mensagem é poderosa e prática, bem como imediatamente aplicável e comunicável através de citações, experiências e infográficos.

No final, você encontrará o Diário pessoal: A experiência de uma vida consciente do tempo. Se desejar aplicar tudo que leu, o Diário pessoal pode ajudar. Ao fazer perguntas introspectivas, esperamos fornecer uma ferramenta capaz de esculpir os degraus que o levarão à mudança desejada. Por favor, tire proveito de cada uma das páginas.

Todo este livro foi projetado para ajudar os leitores a trilhar para uma vida mais consciente do tempo. Caminhe conosco.

CAPÍTULO I

Viva

SEUS TALENTOS E CAPACIDADES ESPECIAIS DETERMINAM AS TAREFAS IMPORTANTES QUE VOCÊ PRECISA EXECUTAR NA VIDA.

O problema é que, geralmente, nossa contribuição especial nunca pode ser feita, porque as "prioridades" de nossas vidas são abafadas por outras coisas urgentes.

Assim, algumas tarefas importantes nunca são iniciadas ou levadas até o fim.

Certa vez, meu grande amigo Alan O'Neill me contou sobre a jornada de dez minutos. Gostaria de compartilhar essa filosofia de consciência do tempo com você.

Alguns anos atrás, Alan estava se sentindo muito desconectado. Ele começou a praticar meditação e a fazer outras coisas que poderiam ajudá-lo a se livrar da agitação mental que sentia e a se conectar com a pessoa que realmente era por dentro. Mas, para falar a verdade, apesar de ele ter boas intenções e se esforçar bastante, meu amigo estava achando difícil retomar essa conexão. Então se preparou para fazer um retiro de três dias numa montanha. A ideia era ficar em jejum. Ele levou água, um saco de dormir e um diário — só isso. Porém, dez minutos depois de começar a jornada, aprendeu sua primeira lição. Alan ouviu o som de algo chocalhando, e viu uma cobra atacar o bastão de caminhada, que estava a 15 centímetros de seus pés.

Por um instante, meu amigo foi tomado pelo medo. Então ele se lembrou de que tudo naquela jornada deveria ser uma lição para seu autoconhecimento e crescimento, e tentou se afastar do medo e aprender. A cobra se enroscou numa pedra.

Enquanto Alan ficava ali parado, encarando o animal, sofreu uma súbita e poderosa mudança de paradigma. Foi como se tivesse estabelecido uma comunicação instantânea com a cobra, e ele se sentiu dominado por tudo que experimentava. A cobra deixara de ser algo digno de medo. Ele só conseguia ver sua integração com a natureza. Viu sua beleza, e refletiu: **"Se sou capaz de aceitar a beleza dessa cobra, será que existe algo dentro de mim que me causa medo, mas eu não consigo aceitar?"**

Ele também reconheceu que todas as coisas são iguais na criação e que o medo do desconhecido causa o pré-julgamento das coisas que são diferentes. Começou a compreender melhor o princípio da integridade, a conexão de tudo com o divino.

A história da cobra me ensinou a deixar de ter medo. Antes, assim como você, eu tinha vários temores bem-disfarçados — que iam desde dar palestras diante de grupos a lidar com banqueiros nervosos ou pessoas muito poderosas ou controladoras —, e agora posso dizer, com sinceridade, que não há nada que eu tema de verdade no ambiente de trabalho.

Minha reação é completamente diferente.

Nesse dia, o encontro com a cobra não foi a única lição a afetar Alan e a nós.

O pôr do sol que ele encontrou no final da tarde lhe ensinou a se abrir para os outros. E, se nós nos abrirmos, outras pessoas também se tornam dispostas a se abrir, o que faz toda diferença na forma como interagimos.

Eu descobri que, às vezes, você só precisa se permitir ser vulnerável, sem se preocupar se as pessoas pensarão que está agindo como um louco ou não.

A natureza e o tempo nos oferecem lições constantes. Uma tempestade nos ensina a permanecermos calmos no meio de outras calamidades. As joaninhas nos ajudam a aprender que todos são especiais, que o papel de cada um de nós é importante. A cobra, o pôr do sol, a tempestade, a joaninha, todos têm um dever a ser cumprido e, mais importante, seu momento de brilhar.

Acredito que o caráter, aquilo que molda uma pessoa, é, no fim das contas, mais importante do que competência, do que capacidades.

É óbvio que as duas coisas são importantes, mas **o caráter é a base**. Todo o restante é construído sobre ele.

Até mesmo a melhor estrutura, o melhor sistema, o melhor estilo e as melhores habilidades não são capazes de compensar plenamente as deficiências de caráter.

Se você não escolher seus objetivos,
não será capaz de escolher
VIVER SUA PRÓPRIA VIDA.
Tudo é criado a partir de
OBJETIVOS E MOTIVAÇÃO
— essas são as raízes de
NOSSOS DESEJOS MAIS PROFUNDOS.

Todos nós temos três vidas: a pública, a particular e a secreta.

Na vida pública, somos vistos e ouvidos por colegas de trabalho, sócios e outras pessoas em nosso círculo de influência.

Na vida particular, interagimos de forma mais íntima com cônjuges, parentes e amigos próximos.

A vida secreta faz parte das outras duas.

A vida secreta é onde fica o seu coração, onde são abrigados seus objetivos reais — os desejos mais profundos de sua vida.

Proatividade significa mais do que simplesmente tomar iniciativa. **Significa sermos responsáveis por nossas próprias vidas.**

Nós reconhecemos que *responsabilidade* significa sermos capazes de escolher nossas reações. Não colocamos a culpa por nosso comportamento nas circunstâncias, nas condições ou em condicionamento.

Nosso comportamento é um produto de nossas escolhas, baseado em princípios, e não um produto de nossas condições, baseado em sentimentos.

Se as pessoas viverem de acordo com suas memórias, estão fadadas a permanecer no passado; se viverem e acordo com sua

IMAGINAÇÃO,

criam oportunidades.

A maioria das pessoas vive com a mentira de que não há problema tomar atitudes imprudentes em segredo ou em sua vida particular — de que isso não afetará sua família nem seu trabalho.

Elas estão vivendo com uma mentira.

A informação pode ser transmitida de mil e uma formas diferentes.

Acredito que as três práticas a seguir ajudam bastante no processo de autoafirmação.

Use técnicas de relaxamento para cultivar afirmações. Afirmações podem gerar resultados eficazes na correria da vida diária. A mente e o corpo devem diminuir o ritmo.

Use repetições para garantir o sucesso. Se você pretende usar suas afirmações para iniciar uma mudança ou para preparar-se para algum evento futuro, é preciso experimentar seu desejo várias vezes. Diga em voz alta, visualize, sinta. Faça com que ele se torne parte de você. Em vez de seguir os roteiros determinados por seus pais, por seus amigos, pela sociedade ou pelo ambiente em que vive, você está afirmando, está traçando roteiros novos apresentados por seu próprio sistema de valores autodescoberto.

Use a imaginação e a visualização para enxergar as mudanças. Em qualquer afirmação, quanto mais detalhes conseguir ver em sua mente, quanto mais claros e vívidos eles forem — a cor, a textura, os aromas, os sons, o tempo, o local —, menos você verá sua afirmação como um expectador e mais o vivenciará como um participante. A maioria de nós ignora profundamente o poder da criatividade. Vivemos de mais em nossas memórias, de menos em nossas imaginações.

Comece a considerar melhorias. Avalie a sua situação e a analise.

Por que nós sempre nos comportamos da mesma maneira?

Tente ser objetivo ao pensar no que acontece com nossos relacionamentos com outras pessoas.

Somos eficazes?

Somos ineficazes?

Então faremos um plano e tomaremos atitudes positivas.

Depois da atitude positiva, reflita mentalmente sobre ela. Pense no que fazer e depois aja novamente. Reflita novamente.

Esse processo educacional constante permitirá que você converse de forma inteligente consigo mesmo, que se comunique consigo mesmo, que se compreenda e se aceite.

Apesar de devermos aprender com os bons exemplos, sempre mantendo em mente

O OBJETIVO PRINCIPAL,

só devemos nos comparar

A NÓS MESMOS.

Não podemos nos concentrar ou basear nossa felicidade no progresso dos outros; devemos nos concentrar

APENAS NO NOSSO.

Precisamos de autoestima, desse sentimento de que realmente estamos sendo verdadeiros com nós mesmos, de que somos bons apesar de nosso desempenho ou de nossos pontos de vista específicos.

O fotógrafo Dewitt Jones me ajudou a compreender como a perspectiva e o tempo caminham juntos.

Que perspectiva você usará para pensar num problema de forma a encontrar uma solução criativa? Se eu não tiver a perspectiva correta ao começar a tarefa, não tenho chance de encontrar uma resposta extraordinária.

Também uso a metáfora de Dewitt em outros aspectos da minha vida. Estou sempre me perguntando, com referência à minha empresa ou à forma como me relaciono com minha comunidade ou com minha família: **"Eu tenho a perspectiva correta? Tenho o ponto de vista certo?"**

CAPÍTULO 2

Ame

Ao tratarmos uns aos outros com mais

AMOR, BONDADE, CORTESIA, HUMILDADE, PACIÊNCIA E PERDÃO

encorajamos que nossas atitudes sejam retribuídas.

Se por um lado nosso relacionamento com nós mesmos é influenciado pelos relacionamentos que mantemos com outras pessoas, por outro, os relacionamentos que mantemos com outras pessoas são baseados em nosso relacionamento com nós mesmos.

Nossa capacidade de nos darmos bem com os outros é naturalmente derivada de quão bem nos damos com nós mesmos, de nossas próprias paz e harmonia interiores.

Para nos aproximarmos de sócios ou clientes, por exemplo, talvez precisemos mudar algumas atitudes e comportamentos.

Quanto mais eu me amo e me respeito, mais fácil se torna amar e respeitar os outros.

Eu me doo mais facilmente. Fico menos na defensiva e menos cauteloso, mais aberto, tratando os outros com mais respeito.

Pais devem ser sábios e ver toda situação como ela realmente é, não exagerar sua reação ou desistir de si mesmos, mas aguentar firme, aceitando as dificuldades da vida, sorrindo muito, amando incondicionalmente.

Eles devem escrever estas afirmações nas paredes, em espelhos, nos braços e nos corações:

"Mantenha-se firme."

"Uma hora isto vai passar."

"Não leve as coisas para o lado pessoal."

"Aceite as dificuldades da vida."

Eles vão descobrir que se conseguirem se reafirmar, se manter firmes e consistentes, verdadeiros e esperançosos de forma contínua, criar uma interdependência verdadeira com cada membro da família e **realmente amarem incondicionalmente**, então todos os familiares **saberão onde está a fonte de amor incondicional.**

PODEMOS APRENDER A NÃO NOS SENTIRMOS OFENDIDOS.

Podemos cultivar nossa segurança interior, baseando-se na integridade com os princípios fundamentais, de forma que nos tornemos capazes de

AMAR

quando não somos amados, de praticar a

GENTILEZA

quando as pessoas não são gentis conosco, e de ter

PACIÊNCIA

quando estão impacientes com a gente.

EM UM RELACIONAMENTO, NOSSO PAPEL É SERMOS UMA LUZ, NÃO UM JUIZ.

Ouvimos muito sobre como superar a insegurança e o senso de inferioridade, e sobre como adquirir confiança e paz interior, mas poucos daqueles que dão conselhos cuidam das raízes da alma humana e das leis e do plano de vida. A alienação é a principal causa para o fracasso de relacionamentos.

A sinergia produz, de forma criativa, soluções melhores do que as que tínhamos antes.

Para isso, é necessário ouvir o outro de forma profundamente empática e ter muita coragem para expressar perspectivas e opiniões de uma maneira que demonstre seu respeito pela visão de terceiros.

De tais interações genuínas surgem revelações e aprendizados que são sinérgicos de verdade.

A sinergia não pode ser forçada ou manipulada. Ela precisa fluir naturalmente, através da qualidade dos relacionamentos — da amizade, da confiança e do amor que une as pessoas.

A lição que aprendemos, mais uma vez, enquanto estudiosos dos relacionamentos humanos, é tentar desenvolver essa qualidade que chamamos de empatia. Ela é a capacidade de ver o mundo como os outros o veem, de parar de emitir julgamentos e agir de maneira acolhedora.

Isso cria uma atmosfera na qual os outros dão ouvidos a críticas construtivas, começando a crescer e a se desenvolver.

A maior barreira para a comunicação é a tendência a avaliar e moralizar os outros.

A maior porta para esse processo de interação é aprender a escutar, e a escutar com atenção e compreensão, a escutar aceitando o ponto de vista do outro. Isso cria uma atmosfera de amor e aprovação.

Valorizar um indivíduo, especialmente aquele que é odioso, insolente, estranho e excluído, passa para todos os outros, de forma poderosa e persuasiva, a mensagem de que você realmente se importa e se preocupa com cada um deles.

TODOS NÓS PRECISAMOS DE AMOR, COMPREENSÃO E ACEITAÇÃO.

Simplesmente estar com uma pessoa e passar tempo com ela já transmite a ideia do valor intrínseco que você lhe atribui.

Seu filho sabe, por observá-lo o dia todo, o quanto você valoriza o tempo.

Ouvir, tentar compreender, ser paciente, bondoso e atencioso são coisas que tomam tempo.

Assim, você demonstra ao outro que **o valoriza** intrinsecamente.

RELACIONAMENTOS INTELIGENTES DEVEM SER BASEADOS EM PLANEJAMENTO E PREPARO.

Não podemos cometer mancadas na presença de outras pessoas, especialmente se existem sentimentos ruins entre os interlocutores, e esperar ter momentos de paz e de boa comunicação.

OUVIR COM ATENÇÃO É UMA FORMA PODEROSA DE DIZER AO OUTRO QUE O VALORIZAMOS.

Quando tiramos tempo para compreender e ficar por perto até o outro sentir que entendemos seu ponto de vista, nós passamos várias impressões:

- de que nos importamos,

- de que queremos compreender,

- de que respeitamos sua opinião,

e lhe damos dignidade e a sensação de que ele, individualmente, tem seu valor.

A única forma real de construir um relacionamento ou fortalecer uma relação abalada é fazer isso individualmente — ir até a pessoa para tentar uma reconciliação, conversar sobre os problemas, pedir desculpas, perdoar ou tomar qualquer atitude necessária.

Se você for capaz de amar — de forma profunda, intensa — enquanto dá respaldo a outra pessoa, você vai ajudá-la a

MUDAR, EVOLUIR,

CRESCER.

Isso é quase irônico, pois muitos acreditam que, ao fazer isso, você contribui para que ela se torne estúpida e acomodada.

Acredito que o resultado seja o completo oposto.

A socialização é uma necessidade básica de todos nós — sentir que pertencemos a um grupo, que temos a oportunidade de expressar amizade e amor, receber amizade e amor; de nos associarmos a outras pessoas e nos sentirmos socialmente aceitos.

Nós gostamos desses inter-relacionamentos e da possibilidade de aumentar o número deles.

Sugiro que tentemos, em todos os nossos relacionamentos, estabelecer um clima de aprovação e **aceitação das pessoas como elas são**, de forma que, em nossa presença, ninguém tenha que fingir ser algo que não é.

NA POSIÇÃO DE LÍDERES,
NÓS PODEMOS
CONTROLAR O CLIMA.

Quando temos coragem de aceitar a nós mesmos, aceitamos e amamos os outros, o que os ajuda a **ACEITAREM A SI MESMOS;** tal atitude pode se disseminar por toda empresa, causando melhorias eternas. É por isso que o amor é a melhor coisa do mundo — e é por isso que ele é a essência da **LIDERANÇA EFICAZ**.

CAPÍTULO 3

Aprenda

Estudar e aprender constantemente o deixará pronto para futuras oportunidades.

Estudar constantemente é uma atitude que o manterá no controle, mesmo com todas as mudanças na economia.

Porém, se você parar de aprender, especialmente nas áreas essenciais para a sua carreira, logo se tornará obsoleto.

As pessoas devem aceitar a responsabilidade que têm de manter suas habilidades e seus conhecimentos atualizados, de aprender a usar um computador ou de se tornar um usuário proficiente da informática, de ler sobre variados temas e de estar ciente das forças poderosas que atuam em seu cotidiano.

Talvez elas precisem fazer ou refazer cursos livres e aprender sobre artes plásticas, além de se manterem atualizadas sobre o que acontece no mundo da tecnologia e da ciência, porque a arte e a ciência desenvolvem a capacidade da mente de continuar aprendendo.

Quando falamos sobre aprendizado e sobre aumentar suas capacidades e habilidades, geralmente pensamos em termos de competências técnicas ou conceituais.

Raramente, pensamos em termos de uma competência social para atrair conquistas mútuas, ou em termos de caráter. Porém, mesmo assim, no fim das contas, se uma pessoa quiser gerar mudanças significativas e duradouras ou melhorias relevantes, será necessário que ela cultive as características de interdependência, empatia e sinergia, assim como as qualidades de integridade, maturidade e a mentalidade de abundância.

Eu argumentaria que, independentemente de nossos empregos, todos nós temos a obrigação moral

DE APRENDER E PROGREDIR.

E um aprendizado vitalício não se trata de grandes campanhas e programas, diplomas e créditos acadêmicos, mas de sessões diárias e curtas de estudo e pequenas doses de treinamento de trabalho relevante.

O PRINCÍPIO DO EQUILÍBRIO É FUNDAMENTAL PARA O APRENDIZADO CONTÍNUO.

Recomendo equilíbrio entre o desenvolvimento pessoal e o profissional; entre necessidades de trabalho atuais e futuras; entre o aprendizado relacionado à carreira e a educação geral.

Certifique-se de que sua abordagem seja sistemática e baseada em feedback recebido tanto em nível pessoal quanto profissional.

Seu aprendizado deve equilibrar teoria com prática, arte com ciência.

CERTIFIQUE-SE DE QUE SEU APRENDIZADO E SEU DESENVOLVIMENTO SÃO MOTIVADOS POR UM DESEJO DE SE TORNAR UMA PESSOA MAIS PRESTATIVA.

A menos que as pessoas aprendam, mudem, cresçam e progridam para acomodar o mercado, não haverá segurança.

A SEGURANÇA É ENCONTRADA
NO PODER DE ESTAR
CONSTANTEMENTE APRENDENDO.

A melhor forma de aprender algo é

ENSINANDO.

Ora, a maioria das pessoas já conhece a verdade desse princípio. É praticamente óbvio. Mesmo assim, não é um conceito muito usado no mundo dos negócios, ou até mesmo no mundo da educação. No entanto, a coisa mais importante que aprendi sobre a área de treinamento e desenvolvimento é que se deve **ENSINAR O QUE VOCÊ APRENDER** para os outros.

Com frequência, eu aconselhava pessoas que queriam empregos melhores a mostrar mais iniciativa — a fazer testes vocacionais, a estudar o mercado e até mesmo os problemas específicos que as organizações nas quais tinham interesse enfrentam — e então desenvolver uma palestra útil, mostrando como suas habilidades podem ajudar a solucionar essas questões.

Chamo isso de "vender a solução", e é algo fundamental para conquistar sucesso nos negócios. Muitas pessoas esperam que algo aconteça ou que alguém os ajude. Mas as pessoas que conquistam os melhores empregos são soluções para problemas, não os próprios problemas. Elas têm iniciativa de fazer tudo que for necessário, constantemente seguindo princípios corretos, para realizar seu trabalho.

Você precisa aprender novas habilidades para manter relacionamentos que sejam de fato duradouros e que tenham seus próprios sistemas imunológicos, baseados em consideração empática e comunicação corajosa, e também na busca, através da sinergia, por um propósito transcendental que lhe permita se afastar da barganha por cargos e da politicagem.

A curiosidade é a essência da liderança global, pois ela lhe torna desejoso por aprender mais, uma vez que isso lhe ajuda a reconhecer o quanto não sabe.

COMO UM BENEFÍCIO PARALELO, APRENDER IDIOMAS, CULTURAS, COSTUMES E ETIQUETAS DIFERENTES SÃO EXERCÍCIOS QUE LHE AJUDAM A PERMANECER HUMILDE E DISPOSTO A SER ENSINADO.

Ser humilde e estar constantemente aprendendo são características positivas, independentemente da razão por trás dessas atitudes.

TODOS NÓS PRECISAMOS MELHORAR, COMEÇANDO PELO PONTO ONDE ESTAMOS, NÃO PELO QUE DEVERÍAMOS ESTAR OU PELO QUE OUTRA PESSOA ESTÁ, MUITO MENOS PELO QUE TERCEIROS TALVEZ ACHEM QUE ESTAMOS.

Quando comecei a fazer uma flexão a mais a cada dia, terminei fazendo trinta em um mês.

Da mesma forma, em qualquer área que quisesse aprimorar, eu também poderia tentar ir um pouco além do que consigo, como:

- tendo um pouco mais de paciência,

- tendo um pouco mais de compreensão,

- tendo um pouco mais de coragem,

e, assim, lentamente aumentaria minha capacidade, através de disciplina e de um esforço diário.

Apesar de todo trabalho ter aspectos monótonos e desafiadores, todos nós temos oportunidades abundantes em algum lugar, todos nós temos algum momento em nossas vidas para expandir interesses, aprofundar conhecimentos e desenvolver nossas capacidades e nossas habilidades para promover e participar ativamente de tais interesses — em resumo, **para nos envolvermos com a vida**.

Seria o ganho de conhecimento o principal propósito da educação contínua?

Acredito que não.

A explosão de conhecimento é tão vasta e tão rápida que ninguém, mesmo dedicando todo seu tempo a isso, seria capaz de acompanhar.

Então, se não é pelo conhecimento, do que isso trata?

De estarmos vivos intelectualmente, de renovarmos a nós mesmos, de aprendermos sobre como aprender, como se adaptar, como mudar, e o que não mudar.

A MENOS QUE ACEITEMOS A NÓS MESMOS no ponto onde estamos, não podemos começar a progredir. O início da educação, portanto, é a **DESCOBERTA DA IGNORÂNCIA.**

Quando nos sentimos aceitos e amados por quem nós somos, nossas defesas relaxam, e nos tornamos suscetíveis e prontos para aprender, para compreender, para fazer análises críticas, para mudar e nos desenvolver.

CAPÍTULO 4

Deixe um legado

A MELHOR FORMA DE PREVER SEU FUTURO É CRIANDO-O.

O segredo para a felicidade é viver fora de si mesmo — é **TRABALHAR JUNTO COM OS OUTROS,** com amor, por uma visão ou uma missão comum que seja significativa.

Eu aprendi que poucos planos grandiosos são finalizados durante a vida, e que nosso serviço e contribuição podem muito bem representar a continuação de uma visão que atravessa gerações.

A MELHOR FORMA DE MUDAR O MUNDO É MUDAR A SUA MENTE; ISTO É, SUA FORMA DE PENSAR, SUAS PERCEPÇÕES.

Lembre-se de que você vê o mundo como você é, não como ele é. Você é o mapa do seu mundo.

Existe uma lição muito mais eloquente no que uma pessoa é do que no que ela diz, ou até mesmo no que ela faz.

A informação é comunicada de forma silenciosa, sutil; é uma radiação constante, e as outras pessoas, apesar de serem incapazes de identificá-la ou articulá-la, ainda assim a compreendem, sentem, absorvem e reagem a ela.

FAMÍLIA

As pessoas que negligenciam a família para subir a tal escada para o sucesso geralmente descobrem, quando já é tarde demais, que a escada está apoiada na parede errada.

NINGUÉM

em seu leito de morte jamais desejou ter passado

MAIS TEMPO NO TRABALHO.

As pessoas que assistem aos nossos seminários sobre liderança para melhorar seus negócios voltam para casa

MUITO MAIS FOCADAS NA FAMÍLIA.

A MELHOR FORMA DE INFLUENCIAR OS OUTROS É SENDO UM MODELO, NÃO UM CRÍTICO; UMA LUZ, NÃO UM JUIZ.

Existem coisas específicas que os pais podem fazer para ensinar

RESPONSABILIDADE, RESPEITO, INTEGRIDADE, OBEDIÊNCIA, ESFORÇO

e outros princípios.

Mas, primeiro, precisam realmente se comprometer a fazer com que a responsabilidade paternal seja sua maior prioridade, e devem estar dispostos a devotarem seus melhores momentos, seus melhores pensamentos, sua total lealdade, empolgação e dedicação a essa tarefa.

Como acontece com outras coisas, não existe atalho para esse processo de desenvolvimento de caráter. Existe apenas uma lei governante — a lei da colheita.

A GENTE COLHE O QUE PLANTA.

VOCÊ ENSINA O QUE VOCÊ É.

Nós abordamos nosso trabalho secular com um planejamento cuidadoso, usando os melhores sistemas, mantendo registros meticulosos, dedicando tempo para analisar os problemas; mas, no que concerne o desenvolvimento do caráter de nossos filhos, geralmente passamos dias sem executar nenhuma análise real, sem planejamento nem registro de fatos, sem qualquer sistema inteligente.

COM FREQUÊNCIA, O BOM É INIMIGO DO MELHOR.

A capacidade de oferecer a outra face, de se esforçar um pouco mais, de ser um líder servil é derivada de uma visão profunda sobre o que tentamos conquistar.

NÓS SOMOS O QUE PROCURAMOS.

Quando procuramos por algo genial, tendemos a ver a genialidade dentro das pessoas que participam do processo conosco.

E desejamos receber feedback das pessoas que têm coragem suficiente para compartilhá-lo.

Não vamos matar o mensageiro que nos oferece uma crítica. Em vez disso, mostraremos o quanto somos gratos, teremos a humildade de pedir desculpas e dizer:
— Preciso melhorar e consertar meus erros.

COMO VOU AGIR?

Outro dia, li um editorial de jornal que dizia assim: Um amigo Quaker e eu fomos até uma banca e compramos um jornal.

Então meu amigo agradeceu ao jornaleiro, tentando ser educado. O homem não respondeu.

— Que sujeito mal-humorado — comentei.

— Sim, ele é assim todas as noites .

— Bem, então por que você continua sendo tão educado e gentil com o sujeito?— E por que eu agiria diferente? — rebateu ele. — Por que deveria deixá-lo ditar a forma como devo me comportar?

O elemento crucial na vida desse homem é que ele tinha autoconfiança suficiente para não deixar que a atitude dos outros influenciasse a sua.

Se nós acreditarmos no conceito de dignidade humana, tivermos fé e agirmos de acordo com ele, liberaremos uma quantidade enorme de energia nas pessoas, objetivando a concretização de coisas maravilhosas.

Para mim, esse é o nosso desafio, o nosso maior problema, e espero que obtenhamos sucesso enquanto tentamos solucioná-lo.

O RELÓGIO ININTERRUPTO

Hazel O'Leary, ex-Ministra de Energia dos Estados Unidos, me contou uma história sobre o Relógio Ininterrupto que talvez o emocione.

Mais de uma década atrás, seu marido, Jack, faleceu subitamente. Ele era um homem vigoroso, tanto no plano físico quanto no mental e espiritual.

Nem ela nem o restante da família estavam preparados para sua morte, e tiveram dificuldade em aceitar a perda.

Logo antes do ocorrido, o casal havia acabado de construir uma casa nova. O projeto para o quintal fora feito em conjunto, e, agora, precisava ser concluído sem ele. Havia algo a ser limpo, semeado e cultivado em cada canto da propriedade.

Minha amiga cavou a terra e retirou ervas daninhas com afinco. Ela plantou e regou as mudas. E, aos poucos, sentiu que se recuperava.

Quando plantas e flores começaram a brotar, Hazel as observou com uma fascinação crescente. Percebeu que elas a ensinavam sobre a vida e a morte, sobre crescimento e renascimento, sobre o Relógio Ininterrupto. E compreendeu que a vida é um ciclo, e que a morte é uma parte importante dele.

Em sua mente, visualize seu aniversário de 80 anos.

Veja os rostos das pessoas presentes, os rostos de seus amigos e familiares enquanto se aproximam para lhe cumprimentar. Risadas e sorrisos cercam uma mesa de jantar cheia de gente enquanto as pessoas que você mais ama aproveitam a noite.

Todas elas vieram para lhe homenagear, para expressar seus sentimentos, para brindar a uma vida bem-aproveitada. Imagine que você é a pessoa sendo homenageada, o tópico dos discursos.

O que você gostaria que as pessoas dissessem sobre você, sobre a sua vida?

O que você gostaria que dissessem sobre seu caráter e suas contribuições?

Agora, pense bem em quais conquistas você gostaria que lembrassem. Que impacto gostaria de ter causado na vida delas?

Comece a viver hoje com essa imagem do seu aniversário de 80 anos em mente. Nela, você encontrará sua definição de sucesso.

Que tipo de legado você quer deixar?

UMA OBRA DE ARTE

Se a vida fosse uma pintura e você fosse o artista, o que pintaria?

Uma imagem de si mesmo?

Talvez um retrato de seu amor verdadeiro?

Pintaria suas esperanças mais profundas?

Quando outras pessoas lhe observarem pintando, do que elas se lembrarão?

ESSA É SUA VIDA, FAÇA DELA UMA OBRA DE ARTE.

Convido você a analisar seu coração enquanto se faz esta pergunta:

Que legado deixarei para trás?

Tal questionamento geralmente causa uma reinvenção, um novo projeto e uma reestruturação, pois você perceberá que deve pagar um preço pelo crescimento lucrativo.

STEPHEN R. COVEY foi uma autoridade em liderança, especialista em famílias, professor, consultor de empresas e autor internacionalmente respeitado, que dedicou sua vida a ensinar sobre como era possível construir famílias e empresas seguindo vidas e métodos de liderança baseados em princípios. Ele tinha um MBA pela Universidade de Harvard e um doutorado pela Universidade Brigham Young, na qual foi professor de comportamento organizacional e gerenciamento de negócios, além de trabalhar como diretor de relacionamentos da universidade e assistente do reitor.

O Dr. Covey escreveu vários livros aclamados, incluindo o best-seller internacional *Os 7 hábitos de pessoas altamente eficazes*, que foi nomeado o Livro de Negócios Mais Influente do Século XX e um dos dez livros de gerenciamento mais influentes de todos os tempos. Ele vendeu mais de 25 milhões de cópias em mais de 40 idiomas, no mundo todo. Outros best-sellers incluem *First things first: Como definir prioridades num mundo sem tempo*, *Liderança baseada em princípios*, *Os 7 hábitos das famílias altamente eficazes*, *O oitavo hábito: Da eficácia a grandeza* e *A 3ª alternativa: Resolvendo os problemas mais difíceis da vida*, com um total combinado de mais de 30 bilhões de livros vendidos.

Como pai de nove filhos e avô de 43 netos, ele recebeu o Fatherhood Award de 2003 da National Fatherhood Initiative, que alegou ser o reconhecimento mais importante que já recebera.

Outros prêmios concedidos ao Dr. Covey incluem o Thomas More College Medallion por serviços contínuos prestados à humanidade, Palestrante do Ano em 1999, o Prêmio Internacional de Homem da Paz dos sikhs em 1998, o Prêmio Internacional de Empreendedor do Ano em 1994, e o Prêmio Nacional de Empreendedor do Ano pelo Conjunto da Obra por Liderança Empresarial. O Dr. Covey foi reconhecido como um dos 25 Americanos Mais Influentes pela revista Times, e recebeu sete diplomas honorários de doutorado.

O Dr. Covey foi co-fundador e vice-presidente da FranklinCovey Co., a mais importante empresa de serviços profissionais do mundo, com escritórios em 123 países. A FranklinCovey compartilha da visão, disciplina e paixão do Dr. Covey por inspirar, encorajar e fornecer ferramentas para a mudança e o crescimento.

DIÁRIO PESSOAL

A experiência de uma
vida consciente do tempo

No início deste livro, foi apresentado o desafio de se ir além de simplesmente ler o que aqui está escrito. Ele foi projetado para ser vivido.

Para que você pare de dirigir pela estrada da ocupação, polindo sua medalha de pessoa ocupada até alcançar um brilho perfeito. Para que você pare e pense: no que eu posso melhorar?

E agora você chegou aqui. É exatamente neste ponto que se torna capaz de assimilar os pensamentos apresentados pelo Dr. Stephen R. Covey.

Ao ler as mensagens, algumas ideias podem ter faiscado na sua mente.

O propósito deste Diário pessoal é não perder essas ideias — não perder essa faísca —, mas transformá-las numa fogueira ardente.

Este diário pessoal exige um pouco de esforço.

Perdemos o seu interesse?

Não é um esforço extremo, estressante, nem mesmo chato.

Mas, enquanto você passa as páginas deste Diário pessoal, tal esforço pode inspirar uma mudança. Ele pode mudar tudo.

Como foi dito anteriormente, até mesmo um milagre pode acontecer. Você pode desenvolver uma vida consciente do tempo, dedicando-se a separar:

- Tempo para viver;

- Tempo para amar;

- Tempo para aprender; e

- Tempo para deixar um legado.

Cada tema terá perguntas neste Diário pessoal.

Fornecemos espaço para você responder a cada questão, mas fique à vontade para anotar suas respostas num caderno pessoal, no qual pode ter mais espaço para expandir suas ideias e alimentar essas faíscas.

Você está pronto? Ótimo! Porque nós também estamos!

VIVA

Qual é a tarefa importante que apenas você pode executar? Tal tarefa está recebendo tempo e atenção suficientes da sua parte? Caso sua resposta seja negativa, o que você deve mudar para garantir que ela não seja ignorada?

Se o caráter é a base de tudo, o quão satisfeito você está com a sua base pessoal? Quais dos princípios ou materiais que formam a sua base lhe deixam orgulhoso? Existe alguma falha que você gostaria de consertar? Caso sua resposta seja positiva, qual seria essa falha e o que você planeja fazer para solucioná-la?

VIVA

Você consegue se lembrar de algum momento nesta semana em que foi proativo? Como isso mudou sua semana? Em que áreas da sua vida você deveria ser mais proativo? O que você planeja fazer para melhorar isso?

Explique como pode ser prejudicial se comparar com os outros.

Reflita sobre a citação do Dr. Covey:

"Precisamos de autoestima, desse sentimento de que realmente estamos sendo verdadeiros com nós mesmos, de que somos bons apesar de nosso desempenho ou de nossos pontos de vista específicos."

Descreva como anda seu processo para desenvolver autoestima.

AME

Considere a citação do Dr. Covey:

> *"Nossa capacidade de nos darmos bem com os outros é naturalmente derivada de quão bem nos damos com nós mesmos, de nossas próprias paz e harmonia interiores."*

Como é seu "diálogo pessoal"? Como pode melhorá-lo?
De que forma pode ser mais bondoso consigo mesmo?

Quem lhe ama incondicionalmente? Como se sente sabendo disso? Escreva o nome de uma pessoa que você ama incondicionalmente. O amor incondicional melhoraria a vida de alguém que você conhece?

AME

Descreva uma ocasião em que se sentiu ofendido. Pense em sua reação e nas consequências. Consegue descrever como a situação poderia ter sido diferente? Você poderia ter tomado alguma ação para produzir um resultado diferente?

Saber ouvir é um dos seus pontos fortes? Escreva sobre uma ocasião em que você foi capaz de ouvir com empatia. Escreva sobre uma ocasião em que alguém ouviu com empatia o que você dizia. Como essas experiências afetaram o seu relacionamento com essa pessoa?

Considere os relacionamentos que absorvem a maior parte do seu tempo. Seus relacionamentos mais valiosos recebem seu melhor tempo? O que você está fazendo certo? O que pretende melhorar?

APRENDA

Descreva como você está constantemente aprendendo. O que você faz bem? O que gostaria de fazer no futuro?

Seu aprendizado é equilibrado?

Explique como equilibra seu aprendizado pessoal com o profissional. Se você acha que não existe equilíbrio, o que pode fazer para mudar isso?

APRENDA

Considere a seguinte citação do Dr. Covey:

> *"Certifique-se de que seu aprendizado e seu desenvolvimento são motivados por um desejo de se tornar uma pessoa mais prestativa."*

Explique por que essa motivação específica é importante.

O Dr. Covey afirmou que aprender pode tornar as pessoas mais humildes e dispostas a serem ensinadas, mas o exato oposto também pode ocorrer.

O que você acha que faz a diferença?

Se a melhor forma de aprender é ensinando, como você pode encontrar mais oportunidades de ensinar no seu ramo de trabalho? Na sua comunidade? Na sua casa?

DEIXE UM LEGADO

Qual será sua maior contribuição?

O que você acha que significa ter a escada apoiada na parede errada? Nos últimos tempos, você mudou sua escada de lugar? Ou precisa fazer isso? Por quê?

Descreva como você pode ser uma luz, não um juiz, no seu trabalho, na sua comunidade e na sua casa.

DEIXE UM LEGADO

O que você pensou ao ler a história da festa de aniversário de 80 anos? Escreva as respostas para cada uma das perguntas feitas na história.

Pense na imagem visual criada ao comparar a sua vida com uma pintura. O que você pintaria? Descreva as etapas que seguiria, ou que gostaria de seguir, para criar uma obra de arte.

Sobre a FranklinCovey

DECLARAÇÃO DE MISSÃO

Nós promovemos a grandeza das pessoas e organizações em todo mundo.

CRENÇAS FUNDAMENTAIS

Acreditamos que:

1. As **pessoas** são naturalmente capazes, ambicionam crescimento, e têm poder de escolha.
2. **Princípios** são eternos e universais, e são a base para a eficácia duradoura.
3. **Liderança** é uma escolha, construída de dentro para fora tendo como base o caráter. Grandes líderes liberam nas pessoas o talento coletivo e a paixão rumo a meta certa.
4. **Hábitos e eficácia** vêm somente com o uso comprometido dos processos e ferramentas adequadas.
5. **Sustentar o desempenho superior** requer equilíbrio P/PC® — foco no alcance dos resultados e no aprimoramento das habilidades.

VALORES

1. **Compromisso com os princípios.** Nós somos apaixonados por nosso conteúdo e nos esforçamos por ser um modelo dos princípios e práticas que ensinamos.
2. **Impacto duradouro com os clientes.** Nós somos comprometidos em entregar aquilo que prometemos para nossos clientes. Nosso sucesso só é possível se eles também tiverem sucesso.
3. **Respeito pelo ser humano.** Nós valorizamos todos os indivíduos e tratamos cada pessoa com quem trabalhamos como verdadeiros parceiros.
4. **Crescimento sustentável.** Nós encaramos a rentabilidade e o crescimento como se fossem o coração de nossa organização; são eles que nos dão liberdade para cumprir nossa missão e visão.

A FranklinCovey (NYSE:FC) é líder global no treinamento em eficácia, em ferramentas de produtividade e serviços de avaliação para organizações, equipes e pessoas. Entre nossos clientes, estão 90% das 100 maiores empresas de *Fortune*, mais de 75% das 500 maiores de *Fortune*, milhares de pequenas e médias empresas, bem como numerosos órgãos governamentais e instituições de ensino. Organizações e pessoas têm acesso aos produtos e serviços da FranklinCovey mediante treinamento corporativo, facilitadores licenciados, *coaching* um a um, seminários públicos, catálogos, mais de 140 lojas de varejos e nosso *site* www.franklincovey.com.

A FranklinCovey conta com dois mil associados que oferecem serviços profissionais, produtos e materiais em 30 idiomas, em 60 escritórios e em 150 países.

PROGRAMAS E SERVIÇOS

Os 7 Hábitos das Pessoas Altamente Eficazes™

Os 7 Hábitos das Pessoas Altamente Eficazes - versão para Gestores™

As 4 Disciplinas da Execução™

As 5 Escolhas para a Produtividade Extraordinária™

Liderança-Grandes Líderes, Grandes Equipes, Grandes Resultados™

A Velocidade da Confiança™

Promovendo o Sucesso dos Clientes — Abastecendo seu Pipeline™

Promovendo o Sucesso dos Clientes — Qualificando Oportunidades™

Promovendo o Sucesso dos Clientes — Fechando a Venda™

Foco em Mim™

Liderança em Gerenciamento de Projetos™

Benchmark — Perfil 360º dos 7 Hábitos das Pessoas Altamente Eficazes™

xQ — Quociente de Execução®

tQ — Quociente de Confiança®

LQ — Quociente de Liderança®

O Líder em Mim™

AAP — All Access Pass™

A FranklinCovey Brasil é uma sólida organização voltada para a melhoria da eficácia corporativa e pessoal. Suas soluções baseiam-se no desenvolvimento da alta produtividade, gerenciamento de tempo, liderança, gestão da confiança, efetividade de vendas e excelência nos relacionamentos interpessoais. Desde 2000, a FranklinCovey Brasil já aplicou treinamentos em cerca de 130 das maiores empresas do país, utilizando uma metodologia baseada em princípios, que transformam essas organizações de dentro para fora, tornando-as altamente eficazes.

PROGRAMAS

Os 7 Hábitos das Pessoas Altamente Eficazes™
Os 7 Hábitos das Pessoas Altamente Eficazes – versao para Gestores™
As 4 Disciplinas da Execução™
As 5 Escolhas para a Produtividade Extraordinária™
Liderança — Grandes Líderes, Grandes Equipes, Grandes Resultados™
A Velocidade da Confiança™
Promovendo o Sucesso dos Clientes — Abastecendo seu Pipeline™
Promovendo o Sucesso dos Clientes — Qualificando Oportunidades™
Promovendo o Sucesso dos Clientes — Fechando a Venda™
Foco em Mim™
Liderança em Gerenciamento de Projetos™
Benchmark — Perfil 360º dos 7 Hábitos das Pessoas Altamente Eficazes™
xQ — Quociente de Execução®
tQ — Quociente de Confiança®
LQ — Quociente de Liderança®
O Líder em Mim

LIVROS

Em português

Os 7 hábitos das pessoas altamente eficazes
O 8o hábito – da eficácia a grandeza
As 4 disciplinas da execução
A 3ª alternativa
As 5 escolhas para a produtividade extraordinária
Faça bem feito ou não faça
Hábitos para uma vida eficaz
Liderança baseada em princípios
Primeiro o mais importante
Figura de transição
O gladiador moderno
O princípio do poder
Questões fundamentais da vida
Os 7 hábitos das famílias altamente eficazes
Os 7 hábitos dos adolescentes altamente eficazes

Em inglês

The 7 Habits of Highly Effective People
The 7 Habits of Highly Effective Families
Living The 7 Habits
The 10 Natural Laws of Successful Time and Life Management
What Matter Most
The Modern Gladiator
First Think First
Life Matters
Principle Centered Leadership
To Do, Doing, Done
Let's Get Real or Let's Not Play
Business Think
The 8th Habit

ÁUDIOS (INGLÊS)

Beyond the 7 Habits (4 CD set)
First Thing First (3 CD set)
Life Matters (4 CD set)
Mastering the 7 Habits (12 CD set)
Principle Centered Leadership (3 CD set)
The 7 Habits of Highly Effective People (3 CD set)

OUTRAS SOLUÇÕES FOCALIZADAS

Consultoria Organizacional
Certificação de Multiplicadores Internos no conteúdo FranklinCovey
Soluções Customizadas para empresas
Workshops Abertos
Programas de MBA em Liderança Organizacional
Licença de uso da Propriedade Intelectual
Soluções Eletrônicas e Aprendizado *on-line*
Personal Coaching
Palestras Especiais

FranklinCovey Brasil Ltda.

Rua Flórida, 1568
São Paulo, SP — 04565-001 — Brasil
Telefone: (11) 5105-4400
E-mail: info@franklincovey.com.br
Site: www.franklincovey.com.br
Facebook: facebook.com/FranklinCoveyBrasil
Twitter: @franklincoveybr
Linkedin: linkedin.com/company/franklincovey-brasil
YouTube: youtube.com/user/FranklinCoveyBrazil

Este livro foi composto na tipologia Myriad Pro,
em corpo 10/13, e impresso em papel offset 90 g/m^2,
na Intergraf.